Der Bodensee

Der Bodensee

Fotos Toni Schneiders Text Hans Pfitzinger
Ellert & Richter Verlag

Inhalt

Das Dreiländer-Meer

Die Alpen waren die ersten Einwanderer. Als Mutter Erde im Innern Platz brauchte, drückte sie ihre Oberfläche zwischen dem Golf von Genua (das es damals noch nicht gab) und der Gegend von Wien (das es auch noch nicht gab) ein paar Kilometer Richtung Himmel. Kalt war's danach, eiskalt, weshalb die folgende Epoche im Weltkalender auch den Namen Eiszeit erhielt. So entstanden die Gletscher, und einer von ihnen, der westliche Rheingletscher, rutschte allmählich nach unten und schuf eine gewaltige Senke, die östlich des Untersees, der schon früher entstanden war, bis zu 350 Meter in die Tiefe reichte.
Dann wurde es wärmer, warum, weiß man nicht so genau, aber es lag nicht an den Autofahrern. Das Eis taute und füllte die Senke mit Wasser. Jetzt kam zum Untersee der große Bruder Obersee hinzu und ein kleiner Ausläufer im Nordwesten, der Überlinger See. Und weil von Südosten weiterhin Wasser von den Alpen herabfloss, musste im Westen ein Abfluss her. Damit hatte Mutter Erde den Vater Rhein geschaffen. Das ist alles noch gar nicht so lange her, gerade mal 20.000 Jahre.
Fest steht, dass der Bodensee mit seinen 571 Quadratkilometern der größte See Deutschlands ist. Unbezweifelbar ist auch, dass er in seiner vollen Ausdehnung gar nicht zu Deutschland gehört. Wir teilen ihn mit den Österreichern (ein bisschen im Osten) und mit den Schweizern (auf ganzer Länge im Süden). Die Bezeichnung „Schwäbisches Meer“, die eher aus der Gegend im Nordwesten stammt, ist nicht einmal für den binnendeutschen Sprachgebrauch korrekt, denn auch die Bayern erheben Anspruch auf einen Teil des Ufers und sogar auf eine der drei Inseln. Darauf wurde die Stadt Lindau errichtet, weshalb sie folgerichtig auch gar nicht „am“, sondern „im“ Bodensee liegt.

Blick auf den östlichen Teil des Bodensees mit der Insel Lindau im Vordergrund. Links dahinter liegt Bregenz, die österreichische Stadt, die auf eine mehr als tausendjährige Geschichte zurückblicken kann. Etwa in der Mitte des Bildes münden der Rhein und der Alte Rhein in den Bodensee, rechts davon beginnt das Schweizer Ufer.

Die Ausdehnung des Bodensees, der mit seinen 571 Quadratkilometern der drittgrößte See Mitteleuropas ist, wird am besten vom Pfänder aus deutlich, der sich mit einer Höhe von 1064 Metern östlich von Bregenz erhebt. Sehr schön sind die Lindauer Insel sowie das nördliche Ufer des „Schwäbischen Meeres“ zu erkennen.

Die Klosterkirche Birnau bei Überlingen fügt sich harmonisch in die Landschaft ein. Mit dem Bau der Wallfahrtskirche wurde 1746 begonnen. Sie gilt als Schmuckstück des Bodensee-Barock.

Frühherbstliche Blütenpracht auf der Mainau, der nördlich von Konstanz gelegenen Blumeninsel. Schlossherr auf Mainau war seit 1932 Graf Lennart Bernadotte, ein Neffe des schwedischen Königs Gustav VI. Er hat die Insel zu einem Pflanzenparadies gemacht. Im Spätsommer erblühen rund 20.000 Dahlien im Ufergarten und auf dem Dahlienhügel.

Wahrzeichen von Langenargen ist das Schloss Montfort, das von 1863 bis 1866 als Sommersitz des Württembergischen Königs erbaut wurde (links). Von dem den Bau hoch überragenden Aussichtsturm hat man einen herrlichen Blick über den Obersee.

Zwischen Hagnau und Immenstaad liegt etwas oberhalb des Sees das Schloss Kirchberg, eine frühere Sommerresidenz der Äbte von Salem (oben). Das vornehme frühklassizistische Schlossgebäude wurde 1779 errichtet und war, nachdem der letzte Abt 1820 Kirchberg verlassen hatte, bis 1995 im Besitz der Markgrafen von Baden.

Wasserburg: Auf der kleinen Halbinsel bilden das ehemalige Schloss der Grafen von Montfort, das Malhaus, früher Gerichtsgebäude und heute Heimatmuseum, sowie die barocke Pfarrkirche (ganz rechts) ein pittoreskes Ensemble.

Das Seeufer bei Kressbronn: Der an der Mündung der Argen in den Bodensee gelegene und von Obstbaumkulturen umgebene Ort ist vor allem durch seine Werft bekannt.

Eine jahrhundertealte Kulturlandschaft

Als die Eiszeitgletscher abschmolzen und es allgemein wärmer wurde, kamen erstmals Menschen in die Gegend. Das mag so vor 6000 Jahren gewesen sein, in der Steinzeit, und eigentlich war man damals noch als Sammler und Jäger hauptsächlich ohne festen Wohnsitz unterwegs. Aber das Klima auf 395 Metern Meereshöhe ist recht angenehm und der Sommer dauert bis in den Herbst hinein, weil sich die große Wassermasse, die sich im August durchschnittlich auf 23 Grad erwärmt, nicht so rasch abkühlt. Also beschloss man, sich häuslich niederzulassen. Unsere Vorfahren waren ja keineswegs dumm, deshalb siedelten sie sich lieber im nordwestlichen Bereich an, weil es dort weniger regnete als im Osten. Das ist bis heute so geblieben, aber die Lindauer und Bregenzer scheint es nicht zu stören.
Einer der frühen Ankömmlinge entdeckte bald, dass es im Wasser von Fischen nur so wimmelt und die Blaufelchen ganz besonders lecker schmecken, wenn man sie eine Weile übers Lagerfeuer hängt. Auch das ist bis heute so geblieben.
Etwas später im Weltkalender, vor etwa 5000 Jahren, war dann die Jungsteinzeit angebrochen. Da rammten die Menschen Pfähle in den Seegrund am Ufer und errichteten auf ihnen kleine Häuschen mit Dach obendrüber und fließend Wasser darunter. Diese Bauweise hatte den Vorteil, dass man vom Wohnzimmer aus angeln und den wilden Tieren an Land eine lange Nase zeigen konnte. Unteruhldingen heißt der Ort, auf halbem Weg zwischen Meersburg und Überlingen gelegen, an dem die Pfahlbauten zur Freude der Einheimischen und Touristen ab 1922 wieder aufgebaut und als Museum eingerichtet wurden. Der dumpf-magische Klang des Namens – man muss ihn nur ein paar Mal laut vor sich hin sprechen, um den Zauber zu spüren – zieht bis heute zahlreiche Altertumsforscher, Neugierige und Schulklassen an. Letztere freuen sich besonders über das „Pfahlbaukino“, das im Sommer bewegte Bilder auf die Leinwand projiziert. Das Vergnügen, „Die Sendung mit der Maus“ über die Pfahlbauten anzugucken, wird allerdings wesentlich größer, wenn man die Lotion gegen Stechmücken nicht vergessen hat.
Gut zweitausend Jahre nach den Pfahlhäuslebauern kamen dann, etwa 800 vor Christus, die Kelten und ließen sich an den Ufern nieder. Ihnen ging es wie den Kelten anderswo auch: Sie wurden von den Römern verdrängt, die sich, so war es der Brauch in der damals bekannten Welt, auch hier ungeniert ausbreiteten. Die Römer hatten verschiedene Namen für das große Gewässer, sie nannten es *Lacus Venetus* oder *Lacus Brigantinus*, nach der Siedlung am Ostufer, die dann Bregenz hieß und (bis auf einige unrühmliche Jahre in der Mitte des vergangenen Jahrhunderts) zu Österreich gehört, seit sie 1523 von den Habsburgern gekauft wurde.

Bereits vor rund 5000 Jahren errichteten in Unteruhldingen Menschen kleine Häuschen auf Pfählen mitten im Wasser. Heute ist der Ort bekannt durch das Pfahlbaumuseum, das die ab 1922 rekonstruierten Gebäude zeigt und in dem Originalfundstücke aus der Steinzeit und der Bronzezeit ausgestellt sind.

Den Alpen, den Pfahlbaubewohnern, den Kelten und den Römern folgten im dritten Jahrhundert germanische Alemannen und besiedelten die Ufer. Im Jahre des Herrn 610 reisten christliche Mönche aus Irland an, die den Alemannen das Wort vom Kreuz und auch sonst allerlei Kultur und Zivilisation beibrachten und Klöster auf der Insel Reichenau und im schweizerischen St. Gallen gründeten. Erst die Karolinger, die sich ab 746 ansiedelten, eine Pfalz errichteten und sie Bodema nannten, sorgten dann für den endgültigen Namen Bodensee. Noch heute heißt die lang gezogene Erhebung, die den Überlinger See vom Untersee trennt, Bodanrücken.
Im 12. und 13. Jahrhundert wurde Oberschwaben dann staufisches Reichsland. Die Staufer besaßen bereits eine ausgeprägte Häuslebauer-Mentalität, erweiterten alte Städte und gründeten zahlreiche neue. Sie hinterließen ihre Spuren unter anderem in Meersburg und Tettnang, aber auch auf schweizerischem Gebiet (Arbon am Südufer, Schaffhausen) und in Bregenz.

Die zwischen Gnadensee und Untersee gelegene Insel Reichenau beherbergt auf engstem Raum drei aus romanischer Zeit erhaltene Kirchen. St. Georg in Oberzell ist für seine gut erhaltenen Wandmalereien aus ottonischer Zeit berühmt.

Aus der Blütezeit der Klosterkultur im frühen Mittelalter datiert das Mittelzeller Münster St. Maria und St. Markus auf der Reichenau. Sein von 1964 bis 1970 restaurierter Dachstuhl aus Eichengespärre (1. Hälfte des 13. Jahrhunderts) gilt als die wohl älteste erhaltene Konstruktion dieser Art auf deutschem Boden. Der mächtige Turm stammt aus dem 11. Jahrhundert.

Die ehemalige Stiftskirche St. Peter und Paul in Niederzell auf der Insel Reichenau ist eine Gründung des Veroneser Bischofs Egino und eines Reichenauer Mönchs. Im Chor wurden 1900 unter einer stark zerstörten Renaissancebemalung romanische Fresken, die vermutlich aus dem frühen 12. Jahrhundert stammen, entdeckt.

Der Überlinger See mit Bodanrück und dem Ort Bodman (rechts). In karolingischer Zeit wurde hier die Kaiserpfalz Bodema erbaut, von der sich der Name Bodensee ableitet.

Blick von der Oberstadt von Meersburg über das wunderschöne mittelalterliche Häuserensemble auf den See und das gegenüberliegende Schweizer Ufer. Meersburg, die frühere Residenzstadt der Konstanzer Bischöfe, ist einer der schönsten und meistbesuchten Orte am Bodensee. Die großzügigen bischöflichen Bauten aus dem 18. Jahrhundert stehen in deutlichem Kontrast zu den engen Gassen der Meersburger Unterstadt. Das Neue Schloss (im Bild links) ist einer der schönsten Barockpaläste der Region. Besonders beeindruckend sind das Treppenhaus von Balthasar Neumann und der Festsaal mit seinen Deckengemälden.

Fünf Seen

Zwar hat sich der Name Bodensee allgemein durchgesetzt, aber eigentlich ist er eine grobe Vereinfachung, ein Sammelbegriff für, je nach Grad der Aufmerksamkeit, drei bis fünf Seeabschnitte. Der längste davon reicht 46 Kilometer weit von Bregenz bis Konstanz und heißt Obersee. Der nördliche Ausläufer wurde nach dem Städtchen an seinem Ufer Überlinger See genannt und fügt dem Obersee 17 Kilometer hinzu, womit die Gesamtlänge auf 63 Kilometer anwächst. Der kleinste, aber älteste Teil im Südwesten, durch den der Rhein fließt, bevor er bei Schaffhausen weiß schäumend den Rheinfall hinabstürzt, heißt sinnigerweise Untersee. Das ist aber wiederum lediglich ein Sammelbegriff. Genaueres Kartenstudium führt zu dem Ergebnis, dass der Name eigentlich nur für den südlichen Teil gilt. Den Mittelteil nennen die Anwohner Zeller See, den Nordteil Gnadensee. Wie auch sonst im Leben wird deutlich, dass die Erscheinungen an Vielfalt zunehmen, je aufmerksamer man sie betrachtet.

Eigentlich besteht der Bodensee aus fünf Seen: Neben dem Obersee noch aus dem Untersee, der sich wiederum in den Zeller See und den Gnadensee unterteilt, sowie aus dem Überlinger See, der sich hier besonders beschaulich präsentiert.

Der Untersee ist im Übrigen, neben der Konstanzer Bucht, der einzige Teil des großen Ganzen, in dem die Grenzziehung vertraglich festgelegt wurde. Im Oktober 1854 setzten badische und schweizerische Unterhändler eine Urkunde auf und signierten sie gemeinsam. Darin einigte man sich, dass die Landesgrenze genau in der Seemitte verläuft. Für den Rest des Bodensees vertraut man seit dem Ersten Weltkrieg auf die Praxis: Man stellt sich eine fiktive Grenzlinie vor, ebenfalls in der Seemitte, und das hat sich hervorragend bewährt. Kriegerische Auseinandersetzungen zwischen Deutschen und Schweizern sind seither nicht bekannt geworden. Inzwischen verläuft hier die Grenze zwischen Franken und Euro, und auch das hat die Sicherheitslage am Bodensee nicht wesentlich verschärft.

Nun ist es ein Brauch von alters her, dass Wasser nicht nur trennt, sondern auch verbindet. Das gilt besonders dann, wenn der See, wie Anfang des 19. Jahrhunderts in Gustav Schwabs Gruselgedicht „Der Reiter und der Bodensee“, zugefroren ist. Allerdings geschieht das höchst selten, zuletzt im Jahr 1962. Aber der Mensch will ja auch bei warmem Wetter sehen, was auf der jeweils anderen Seite los ist. Deshalb schnitzten sich schon die Bewohner der Pfahlbauten Boote aus Baumstämmen und fuhren hinaus aufs Wasser. Das tun die Anrainer auch heute noch gern, und an sonnigen Tagen wimmelt der See nur so von weißen Segeln.

Die Windfänger folgen dabei dem Vergnügungs- und Erholungstrieb des Menschen. Aber auch die schnöden Erfordernisse des Alltags haben zu allen Zeiten für lebhaften Schiffsverkehr gesorgt. Bereits 1824 pflügte der erste Raddampfer durchs Gewässer. Als die Eisenbahn schließlich Friedrichshafen erreichte, baute man im

Jahr 1869 eine Fähre, die groß genug war, um die Güterzüge nach Romanshorn auf die schweizerische Seite und wieder zurück zu bringen. Die Fähre sah aus wie eine Plattform mit Gleisen darauf und hatte zwei Dampfmaschinen an Bord, die je 100 PS leisteten. Sie ist sogar auf einer Briefmarke von Sao Tome e Principe abgebildet. Sammler werden sicher wissen, wo das liegt.

Die Bahn war bis in die sechziger Jahre des letzten Jahrhunderts das wichtigste Verkehrsmittel für den Transport von Gütern, und die Bodenseeschifffahrt wurde in allen drei Ländern von den Bahnunternehmen betrieben. Mit dem Arlbergtunnel, der 1884 eröffnet wurde, hatte Bregenz endlich eine ganzjährig befahrbare Zugverbindung zum restlichen Österreich und die Bodenseeanlieger einen neuen Handelsweg nach Osten. Heute verbinden Autofähren die drei Länder, transportieren Menschen und Lasten übers Wasser, von Meersburg nach Staad, von Friedrichshafen nach Romanshorn, von Bregenz nach Konstanz. Und wie das bei Fähren so üblich ist, fahren sie auch wieder zurück.

Im Jahr 2005 wohnen im „Kulturraum Bodensee“, wie er von den tüchtigen Tourismusstrategen genannt wird, 2,5 Millionen Menschen. Was sie angezogen hat, ist nicht schwer zu erraten, wenn man beispielsweise an einem sonnigen Frühlingstag hinter Meersburg in die Weinberge hochsteigt. Ein spektakulärer Blick belohnt für die kleine Anstrengung. Unterhalb des Aussichtspunkts zeichnet sich die dunkle Silhouette vom Alten Schloss vor dem See ab, der sich, an dieser Stelle knapp zehn Kilometer breit, zum schweizerischen Ufer ausdehnt. Dahinter fließen die sanft geschwungenen Berge des Thurgaus von Ost nach West, und über ihnen, noch weiter im Süden, begrenzen die Schneegipfel der Westalpen den Horizont. An klaren Tagen reicht die Sicht von Meersburg aus nach Osten bis Bregenz und nach Westen fast bis zum Ende des Überlinger Sees.

Der historische Raddampfer „Hohentwiel" kreuzt vor Lindau. Bereits 1824 pflügte der erste Raddampfer durch die Gewässer des Sees. Heute verbinden Autofähren die drei Länder Deutschland, Österreich und die Schweiz und transportieren Menschen und Lasten über das „Schwäbische Meer".

Sanfte Hügel vor gewaltiger Gebirgskulisse: Blick über den kleinen, bei Kressbronn gelegenen Schleinsee auf den Obersee hinüber zum Schweizer Ufer mit dem Säntismassiv.

Vom kleinen Stadtteil Goldbach im Westen Überlingens bietet sich ein romantischer Blick über Weinberge und Wiesen auf den 17 Kilometer langen Überlinger See, der wie eine Förde in die Landschaft schneidet.

Kopfweiden prägen vereinzelt die Uferzone des Gnadensees, der eigentlich zum Untersee gehört, durch den wiederum der Rhein fließt, bevor er sich bei Schaffhausen weiß schäumend den Rheinfall hinabstürzt.

Vom nördlichen Steilufer des am Überlinger See gelegenen Sipplingen kann man bei gutem Wetter über den Bodanrück hinweg auf das Schweizer Ufer sehen. Sipplingen, das über stattliche Fachwerkhäuser verfügt, ist ein altes Fischer- und Weinbauerndorf, dessen Spuren bis in die Alemannenzeit zurückreichen.

Eine Region und ihre Gäste

Menschen, die eine feine Antenne für landschaftliche Schönheit haben, fanden den Bodensee schon immer unwiderstehlich. Die Meersburger sind noch heute stolz darauf, dass eine der größten Schriftstellerinnen des 19. Jahrhunderts hier ihren Wohnsitz nahm. Annette von Droste-Hülshoff (1797–1848), bis zur Einführung des Euro auf dem schönen alten Zwanzig-Mark-Schein abgebildet, reiste immer wieder aus ihrer westfälischen Heimat an den Bodensee. Ab 1841 blieb sie dann ganz in Meersburg. Sie zog erst einmal auf dem Schloss ihres Schwagers, dem Freiherrn Joseph von Laßberg, ein. Zwei Jahre später kaufte sie das Fürstenhäusle in den Weinbergen – vermutlich fand sie an der Aussicht ähnlich viel Gefallen wie der Besucher heutzutage. Am 24. Mai 1848 starb Annette von Droste-Hülshoff an einer Lungenentzündung. Die hat sie sich vermutlich in Westfalen geholt – hier, in dieser wunderbaren Landschaft, wird man nicht krank, hier wird man gesund.

Auch Hermann Hesse (1877–1962), zeitlebens um geistige und körperliche Gesundheit bemüht, lebte zu Beginn des 20. Jahrhunderts am Bodensee. Er bezog, nach dem Bestseller-Erfolg seines Romans „Peter Camenzind“ und der Heirat mit seiner ersten Frau Maria, im Jahr 1904 einen kleinen Bauernhof in Gaienhofen, am Nordufer des Untersees. Drei Jahre später baute er dann sein eigenes Haus, in dem er bis 1912 wohnte. Für ihn war der Wohnsitz im dörflichen Gaienhofen eine Möglichkeit, fern vom Groß- und Kleinstadtgetriebe nah an der Natur zu leben und ungestört seine Arbeit als Schriftsteller fortsetzen zu können. In einigen Skizzen über den Bodensee, die er in das Bändchen „Betrachtungen“ aufgenommen hat, beschreibt Hesse seinen Versuch, dem Unheil, dem Größenwahn, der Kehrseite der wilhelminischen Gründerzeit zu entkommen. Wie ein empfindlicher Seismograph spürte er zwar, dass die gesellschaftliche Entwicklung unaufhaltsam auf den Krieg zusteuerte und auch seine Ehe-Idylle am See nach acht Jahren dem Ende entgegenging. Doch Gaienhofen verschaffte ihm einen Aufschub, bestärkte seinen Glauben, ein „Zurück zur Natur“ im Sinne Jean-Jacques Rousseaus wäre auch zu Beginn des 20. Jahrhunderts noch möglich.

Wichtigstes Requisit für das „gute Leben“, das er suchte, war das Ruderboot, mit dem er bei schönem Wetter unzählige Male auf den See hinausfuhr. In „Hochsommer“ (1905) schreibt er: „Still löse ich die rostige Kette vom alten Baumstamm, schiebe mein Ruderboot ins Wasser, knie hinten auf und stoße vom Strand ab. Der See liegt weit hinaus spiegelglatt und flimmert grün und silbern. Die Sonne brennt in voller Mittagskraft herunter, und der jenseitige Seerand spiegelt einen blauen,

Die Kulturlandschaft Bodensee mit ihrer reichen Tradition hat nicht nur Mönche in ihren Bann gezogen, sondern stets auch Intellektuelle, Schriftsteller und Maler zu großen Leistungen inspiriert. In dieser wunderbaren Landschaft sind die Sonnenuntergänge von besonderer Schönheit – wie hier bei Langenargen.

leuchtenden, von festgeballten schneeweißen Sommerwolken durchzogenen Himmel. Hinter mir entweicht das schattige Wiesenufer mit hohen Pappeln und breiten, alten, tiefhängenden Weiden, und mit dem Ufer flieht auch alles das zurück, was mir dort am Lande Arbeit und Freuden, Pein und Sorge macht."

In der Gegenwart sind es überwiegend Segelboote, mit denen die Bodenseeanwohner den Alltag hinter sich lassen, Yachten, Jollen, Katamarane, die bei schönem Wetter zu Hunderten übers Wasser gleiten. Ein nicht ganz ungefährliches Vergnügen, denn plötzlicher Wetterumschwung ist keine Seltenheit. Dann tritt ein von den drei Ländern gemeinsam installiertes Frühwarnsystem mit Blinklichtern rund um den See in Aktion. Wenn die in der Minute 90 Mal an- und ausgehen, heißt das: Sofort den nächsten Hafen anlaufen! Bei heftigen Gewittern, wie sie im Sommer immer wieder vorkommen, wird deutlich, dass die Bezeichnung „Schwäbisches Meer" nicht nur einem Bedürfnis nach Übertreibung entspringt. Da kann der See schon mal Wellen aufwerfen, die jedem Ozean zur Ehre gereichen würden. Zur vorgeschriebenen, umfangreichen Sicherheitsausrüstung der Boote gehören deshalb eine Schwimmweste für jede Person, eine Notbeleuchtung und eine „mechanische Lenzeinrichtung", was unbürokratische Landratten als Handpumpe bezeichnen würden.

Ob sich der in der Gegenwart wohl bekannteste Schriftsteller mit Wohnsitz am Bodensee seine Inspiration ebenfalls beim Rudern oder Segeln holt? Jedenfalls schätzt der 1927 in Wasserburg geborene Martin Walser die Lebensqualität der Gegend bis heute. Er lebt seit 1968 in Überlingen, und vielleicht ist es gerade diese provinzielle Abgeschiedenheit, die ihm seine oftmals umstrittenen Beiträge zur öffentlichen Diskussion möglich macht. Nicht die Hektik der Metropolen, sondern der Abstand zu den Zentren der Kultur und den zeitgeistigen Moden und Übereinkünften der mächtigen Meinungsbildner, ermöglicht ihm seinen eigensinnigen, kritischen Blick. Wie stark der Wohnort die Romane, Theaterstücke, Reden und Essays von Martin Walser geprägt hat, mögen die Germanisten entscheiden. Sie arbeiten daran. Tatsache ist, dass Martin Walser trotz seiner häufigen Aufenthalte in den USA (unter anderem in Kalifornien, Texas, Vermont, West-Virginia) und in England immer am Bodensee als Lebensmittelpunkt festgehalten hat.

Seit 1951 die Regatta „Rund um den Bodensee“ zum ersten Mal veranstaltet wurde, genießt sie hohes Ansehen. Damals waren rund 40 Schiffe am Start, die Bestzeit für die 100 Kilometer lange Strecke lag zwischen zehn und 20 Stunden. Heute benötigen die „Rennziegen“ kaum mehr als fünf Stunden. Gestartet wird vor der Lindauer Insel.

Annette von Droste-Hülshoff kam aus ihrer westfälischen Heimat an den Bodensee, wo sie ab 1841 in Meersburg lebte. Das Alte Schloss, in dem die Schriftstellerin mehrere Jahre verbracht hat, gilt als die älteste bewohnte Burg Deutschlands. Hier sind zahlreiche Räume mit Möbeln und Waffen aus dem späten Mittelalter sowie das Arbeits- und Sterbezimmer der berühmten Dichterin zu besichtigen.

Unmittelbar bei Überlingen, dem Wohnort Martin Walsers, eines der bekanntesten deutschen Literaten der Gegenwart, liegt die Goldbacher St. Silvesterkapelle, in der frühromanische Fresken der Reichenauer Malerschule zu besichtigen sind.

„Ach, was für ein Paradies – zum Kotzen schön!“ So charakterisierte der Maler Otto Dix die Halbinsel Höri, aber er meinte es wohl nicht so – schließlich lebte er über 30 Jahre hier. Die Höri gilt als malerischster Teil in der Umgebung des Bodensees. Hier wohnte zeitweise auch der Dichter Hermann Hesse, der in dieser landschaftlichen Idylle einige bedeutende Werke schuf. Lokale Museen erinnern an die prominenten Bewohner. Blick vom Schweizer Kanton Thurgau über Steckborn auf die Höri

Kleine Städte mit großer Geschichte

Der Begriff der Bodenständigkeit geht zwar nicht auf die Pfalz der Karolinger zurück, aber er kennzeichnet doch, unabhängig von der nationalen Zugehörigkeit, die Mentalität der Bodenseeanwohner. Die Städtchen sind überschaubar, man kennt sich untereinander, gesunder Menschenverstand gibt dem Größenwahn keine Chance. Sogar die großen Städte sind vergleichsweise klein geblieben: Konstanz hat 80.000 Einwohner, Bregenz, die Hauptstadt des österreichischen Bundeslands Vorarlberg, 28.000, und Kreuzlingen, der größte Ort am schweizerischen Ufer, bringt es gerade mal auf 17.000 Einwohner. Überall wird fleißig gewerkelt, aber größere Industrieansiedlungen haben lediglich Konstanz und Friedrichshafen geprägt. Hier leisteten die fleißigen Schwaben ihren Beitrag zur Rüstungsindustrie des „Dritten Reichs", deshalb wurde Friedrichshafen 1943/44 als einzige Stadt am Bodensee aus der Luft angegriffen und von Bomben zerstört.

Einige Orte rund um den See sind in die Geschichtsschreibung oder in den Sprachgebrauch der Gegenwart eingegangen. Konstanz steht als Schauplatz des „Konstanzer Konzils" (1414–18) in allen Geschichtsbüchern. Hier wurde beim „größten mittelalterlichen Kongress des ganzen Abendlandes" (so der Kirchenhistoriker Karl August Fink) versucht, die Spaltung der katholischen Kirche zu überwinden und neue Glaubensgrundsätze einzuführen. Dazu wählte man mit Martin V. in Konstanz einen neuen Papst, nachdem sich der alte, Johannes XXIII., aus dem Staub gemacht hatte. Er wurde später in einem Prozess verurteilt und für abgesetzt erklärt. So war der Name wieder frei, weshalb der allgemein anerkannte dreiundzwanzigste Johannes dann erst im 20. Jahrhundert auf den Papstthron kam.

Heute sorgt die Konstanzer Universität für den guten Ruf der Stadt, die vorteilhaften Studienbedingungen ziehen viele junge Menschen an. Aber auch für die Bildung der Nicht-Studenten wird gesorgt. Das „Bodensee-Naturkundemuseum" macht die Besucher mit Geologie, Zoologie und Ökologie des Bodenseegebiets vertraut. Im Kulturzentrum stellt der renommierte „Kunstverein Konstanz" internationale Kunst der Gegenwart aus, und auch das Stadttheater, das seine Spielstätte im ehemaligen Jesuitenkloster gefunden hat, gehört zu den Konstanzer Institutionen, die wegen ihrer besonderen Qualität im gesamten deutschsprachigen Raum Beachtung finden.

Aus einem ganz anderen Grund wurde Friedrichshafen an der Wende zum 20. Jahrhundert berühmt. Der Ortsname ist untrennbar mit einem genialen Erfinder verbunden, der zwar in Konstanz geboren wurde, aber hier die besten Arbeitsbedingungen fand: In Friedrichshafen stieg am 2. Juli 1900 das erste Luftschiff von

Konstanz ist die größte Stadt am Bodensee. Sie liegt dort, wo der Rhein den Obersee mit dem Untersee verbindet. Im Mittelalter war Konstanz Bischofsstadt und Zentrum der größten deutschen Diözese. Im 11. und 12. Jahrhundert beriefen die Kaiser hierher verschiedene Reichsversammlungen ein. Konstanz war von 1414 bis 1418 Tagungsort des Allgemeinen Konzils, das die 40-jährige Kirchenspaltung beenden sollte. Im 1388 errichteten „Kaufhaus" hat während des Konzils 1417 die einzige Wahl eines Papstes auf deutschem Boden stattgefunden, daher wird es auch als Konzilgebäude bezeichnet. Links daneben steht das Zeppelin-Denkmal, das an den in der Stadt geborenen Luftschiff-Erbauer Graf Zeppelin erinnert.

Konstanz mit dem Rheintorturm, einem ehemaligen Brückentor, von dem aus eine alte gedeckte Holzbrücke zum gegenüberliegenden Ufer führte, und seinem Münster, das in den Jahren 1052–1089 als romanische Säulenbasilika erbaut wurde. Nach verschiedenen Änderungsbauten erhielt das Münster „Unserer lieben Frau" einen neogotischen Spitzhelm. In dieser Kirche fanden auch die Sitzungen der großen Kirchenversammlungen („Konstanzer Konzil") statt. Vom 76 Meter hohen Turm hat man einen herrlichen Rundblick auf das Bodenseegebiet.

Die Seestraße von Konstanz, dessen Uferpromenade und Altstadt im Krieg glücklicherweise unzerstört blieben. Während die Bebauung an der Seepromenade Gründerzeit- und Jugendstil-Elemente aufweist, stammen viele Häuser der Altstadt noch aus dem Mittelalter.

Ferdinand Graf Zeppelin (1838–1917) in den Himmel über dem Bodensee. Graf Zeppelin war zu diesem Zeitpunkt 62 Jahre alt. Der königlich-württembergische General hatte den Plan, ein lenkbares Starr-Luftschiff zu bauen, seit 1874 verfolgt. Da er darüber seine militärischen Pflichten vernachlässigte, wurde er 1891 aus dem Dienst entlassen. Ein Jahr später begann er mit der praktischen Umsetzung seiner Vision. Flüge nach Afrika, eine Weltumrundung und die Einrichtung des transatlantischen Linienverkehrs brachten den Zeppelinen öffentliche Triumphe. Nach der spektakulären Katastrophe von Lakehurst im Jahr 1937, als das mit Wasserstoffgas gefüllte Luftschiff „Hindenburg“ vor den Wochenschaukameras und Rundfunkmikrofonen in wenigen Minuten verbrannte, war die große Ära der Luftschiffe zu Ende. Nicht entflammbares Heliumgas, eine sichere Alternative zum Wasserstoff bei der Füllung der Zeppeline, wurde zu dieser Zeit aus politischen Gründen nicht nach Deutschland geliefert.

Graf Zeppelins Erfindung hat bis heute Vorteile gegenüber dem Flugzeug, auch wenn die Weiterentwicklung, der Cargolifter, in Ostdeutschland vor ein paar Jahren an wirtschaftlichen Bedingungen scheiterte, möglicherweise auch an einem Schuss Größenwahn. Bodenständigkeit ist eine Tugend, die man offenbar auch dann pflegen sollte, wenn man in die Luft gehen will.

Das kann man in Friedrichshafen immer noch. Die Deutsche Zeppelin-Reederei GmbH, gegründet im Januar 2001, bietet Rundflüge über den Bodensee an, fährt aber auch nach Stuttgart und sogar in den Himmel über Berlin. Die Muttergesellschaft der Reederei, die Zeppelin Luftschifftechnik GmbH, bekam im August 2005 den Zuschlag für die „immateriellen Güter“ aus dem Insolvenzbestand der Cargolifter AG. Gemeint sind die Archive und Aufzeichnungen, in denen das Wissen und die Erfahrungen des Großluftschiffprojekts dokumentiert wurden. Jetzt konzentriert sich der Geist des Grafen Zeppelin wieder ungeteilt am Bodensee.

Lindau, die kleine bayerische Stadt auf der Insel, gehört zu den bevorzugten Touristenzielen in Deutschland. Schon im Mittelalter schützten die Lindauer ihre Eigenständigkeit mit einer soliden Mauer, die sogar der schwedischen Belagerung im Dreißigjährigen Krieg standhielt. Bei einem tollkühnen Ausfall durchquerten die Verteidiger mitten in der Nacht die Ufersümpfe und zerstörten die Maschinen, mit denen die Schweden Geschosse in die Stadt schleuderten.

Nachdem das glimpflich überstanden war, richtete ein reicher Bürger im Jahr 1655 ein Fest für die Kinder der Stadt aus, damit ein Ruck der Freude und Zuversicht durch die Jugend gehen möge. Der schöne Brauch hat sich bis heute erhalten, und

Friedrichshafen, die größte Industrie- und Messestadt am Bodensee, hat im Zweiten Weltkrieg schwer unter den Bombardierungen gelitten. Obwohl von der historischen Altstadt fast nichts mehr erhalten blieb – außer den beiden weithin sichtbaren Kuppeltürmen der Schlosskirche – sind das modern bebaute Seeufer und sein Hafen durchaus sehenswert.

Malerisch präsentiert sich die Inselstadt Lindau mit dem katholischen Münster „Unserer Lieben Frau" (rechts) und der evangelischen Peterskirche. Die seit 1853 durch einen 550 Meter langen Damm mit dem Festland verbundene frühmittelalterliche Fischersiedlung wurde im 13. Jahrhundert Reichsstadt, 1806 kam sie an Bayern und 1812 wurde der heutige Hafen angelegt. Die Stadt, die sich heute bis weit auf das Festland ausgedehnt hat, verfügt über viele bedeutende Architekturdenkmale.

am Tag des Kinderfests bekommen die kleinen Lindauer eine Butschelle, ein Hefegebäck mit Weinbeeren, in die Hand gedrückt, bevor sie bei einem fröhlichen Umzug von der ganzen Stadt gefeiert werden. Danach ist Volksfest, mit Bierzelt und Weinausschank und, wie immer in Lindau, vielen Touristen.
Einmal im Jahr schlägt in Lindau die Touristenquantität in Qualität um. Da kommen die Nobelpreisträger aus aller Welt und halten ihre Tagung ab, bei der die ausgezeichneten Senioren ihr Wissen an junge Wissenschaftler weitergeben.
Salem, ein kleiner Ort auf der baden-württembergischen Seite, zehn Kilometer landeinwärts von Unteruhldingen, kommt häufig ins Gespräch, wenn von der Krise des deutschen Bildungssystems die Rede ist. Das Privatinternat von Salem hat sich als Ausbildungsstätte für zukünftige Mitglieder der Elite einen fast schon legendären Ruf erworben. Wie dem auch sei, elitär sind auf jeden Fall die Gebühren: 2300 Euro im Monat muss bezahlen, wer seinen Sprössling in den Genuss Salem'scher Bildung bringen will – als allgemein gangbarer Ausweg aus der „deutschen Bildungskatastrophe“ (so der Pädagoge Georg Picht vor gut 40 Jahren) kann das Internat Salem damit wohl nicht unbedingt gesehen werden.
Auch Allensbach gehört zu den Ortsnamen, die bundesweit bekannt sind. Das hat vor allem mit einer klugen Frau zu tun: Elisabeth Noelle-Neumann gründete hier im Jahr 1947 das „Institut für Demoskopie“, das mit immer neuen Umfragen die deutsche Volksmeinung erkundet. „Allensbach“ wird wohl häufiger in Rundfunk, Zeitung und Fernsehen erwähnt als irgendein anderer Ort am Bodensee.
Noch berühmter – weltberühmt – wurde der Name des kleinen Städtchens Rorschach, das an der breitesten Stelle des Sees am Südufer liegt und zum Kanton St. Gallen gehört. Um allen Missverständnissen vorzubeugen: Der Rorschach-Test hat zunächst einmal nichts, aber auch gar nichts mit dem Bodensee zu tun. Es handelt sich dabei um eine psychologische Diagnosemethode, benannt nach dem Mediziner Hermann Rorschach, der 1884 in Zürich geboren wurde. Dabei werden dem Patienten Klecksographien vorgelegt, und er soll sagen, was ihm dazu einfällt. Damit wäre dann doch noch die Verbindung zum Bodensee hergestellt: Schon als Kind faszinierte mich der große blaue Fleck an der Südgrenze von Deutschland, wenn im Erdkundeunterricht die Europakarte aufgehängt und ausgerollt wurde. Da sah ich in meiner Phantasie immer die Umrisse eines Krokodils, mit Untersee und Überlinger See als weit geöffneten Kiefern, zwischen denen die Insel Reichenau züngelt. Bestimmt ein Fall für Rorschach.

MDCCCLVI

Der Hafen von Lindau wurde 1832 angelegt (links). Seine Einfahrt wird durch den Neuen Leuchtturm, in dem 193 Stufen bis zur Aussichtsplattform zu überwinden sind, und den sechs Meter hohen bayerischen Löwen eingerahmt. Vom Leuchtturm aus hat man einen herrlichen Blick auf den Obersee und das sich dahinter erhebende Alpenpanorama.

Das Zentrum der Inselstadt Lindau erstreckt sich rund um das Alte Rathaus (oben). Der von der Spätgotik geprägte Bau, der 1422–1436 errichtet wurde, war 1496 Schauplatz eines Reichstages. Kunsthistorisch bedeutsam sind die Außenfresken mit Sonnenuhr, Friedensengel und den Wappen einzelner Städte. Der unmittelbar davor liegende Lindaviabrunnen symbolisiert die wichtigen Wirtschaftsgebiete Lindaus: Fischerei und Schifffahrt, Landwirtschaft, Obst- und Weinbau.

Seit 1976 steht nicht nur die Inselstadt Lindau, sondern auch ihr Hafen unter Denkmalschutz. Der 1508 erbaute Pulverturm an der Westspitze der Insel wurde im 16. Jahrhundert in die Stadtbefestigung einbezogen.

Umgeben von Obst- und Weinkulturen liegt der Ort Salem mit seiner Klosteranlage und dem Münster, mit dessen Errichtung 1299 begonnen wurde. In seinem Inneren beeindrucken die Bruchstücke eines virtuos geschnitzten Chorgestühls, der Verenaaltar sowie das Sakramentshaus.

Während die Anfänge des Klosters Salem bis ins Mittelalter zurückreichen, wurde das Gesamtensemble nach dem verheerenden Brand von 1697 in prachtvollem Barock neu errichtet. Das heutige markgräfliche Schloss (Foto) geht bereits 1803 in den Besitz der Markgrafen von Baden über, die seither die weitläufige Anlage unterhalten. 1920 wurde die inzwischen weltbekannte Internatsschule Schloss Salem durch Prinz Max von Baden und den Pädagogen Kurt Hahn gegründet.

Blick von Allensbach über den Gnadensee zur Insel Reichenau. Der bereits 724 erstmals urkundlich erwähnte Ort Allensbach, der früher hauptsächlich Reichenauer Fährstützpunkt war, ist heute vor allem durch das gleichnamige Meinungsforschungsinstitut bekannt, das hier residiert. Im Vordergrund die spätgotische Kirche St. Nikolaus mit achteckigem Barockaufbau und Zwiebelhaube

Mainau – die Insel der Blumen

Die Reichenau mit ihrem mächtigen Kloster ist zwar die größte der drei Bodenseeinseln, an Berühmtheit übertroffen wird sie aber bei weitem von der kleinsten, der Mainau. Hier, auf gut einem halben Quadratkilometer, drängen sich von Frühling bis Herbst die Touristen, um Schloss, Park und Gärten zu besichtigen. Die Mainau ist untrennbar mit dem Namen Graf Lennart Bernadotte (1909–2004) verbunden. Der Schlossherr, dessen schwedische Vorfahren die Insel vom badischen Großherzog geerbt hatten, richtete hier 1932 eine internationale Begegnungsstätte ein, die vor allem der Jugend zugute kommen sollte. Gleichzeitig begann er mit der Neugestaltung der Insel und öffnete sie für das allgemeine Publikum. Graf Lennart Bernadotte, ein Visionär mit ausgeprägtem Umweltbewusstsein, verabschiedete schon 1961 eine „Grüne Charta" für die Insel. 1974 wurde die gesamte Mainau in eine Stiftung eingebracht, mit dem Ziel der „Förderung der Wissenschaften, der Landespflege, des Umwelt- und Denkmalschutzes und der Heimatpflege". Begünstigt vom milden Klima wachsen hier unzählige südländische und tropische Pflanzen, die mit großem Aufwand und nach strengen Umweltrichtlinien gepflegt werden – ein in unseren Breitengraden einzigartiger Anblick. Seit 2001 führt Gräfin Sonja Bernadotte af Wisborg die Geschäfte der „Blumeninsel Mainau GmbH". Die Gesellschaft ist, nach eigener Einschätzung, „das größte touristische Unternehmen am internationalen Bodensee".

Blütenpracht an der Frühlingsterrasse auf der Insel Mainau: Über eine Million Blumen, darunter 850 verschiedene Sorten Tulpen, Narzissen und Hyazinthen, blühen hier im zeitigen Frühjahr.

Bereits 1853 ließ Großherzog Friedrich I. von Baden einen Teil der Insel Mainau als prächtigen Park anlegen. Die in einer romantischen Bucht des Überlinger Sees gelegene Insel kam 1907 testamentarisch zum schwedischen Königshaus. Graf Lennart Bernadotte erweiterte seit den 1960er Jahren die Park- und Gartenanlagen und ergänzte diese mit üppiger Blumenfülle und kostbaren exotischen Pflanzen.

Neben den botanischen Besonderheiten sind auf der Mainau vor allem das dreiflügelige Barockschloss und die einschiffige Schlosskirche St. Marien sehenswert (oben).

Die 1734–1739 nach Entwürfen von Johann Caspar Bagnato im barocken Stil erbaute Marienkirche beeindruckt besonders durch die malerische Ausstattung von Franz Joseph Spiegler (rechts).

Der See – er flimmert grün und silbern

Ich bin an einem warmen Spätfrühlingstag mit der Bahn nach Friedrichshafen unterwegs. Als ich in Ulm den ICE verlasse und in den Nahverkehrszug umsteige, verändert sich mein Zeitgefühl abrupt. Ich fühle mich auf wunderbare Weise entschleunigt. Es geht gemächlich dahin, die Gleise folgen dem Verlauf des Tales, das sich in vielen Windungen von Norden nach Süden zieht. Der Zug hält an fast jedem Bahnhof an der Strecke, manche der Stationen machen den Eindruck, dass sie den Zugreisenden hundert Jahre und länger gedient haben. Und dann halten wir in Biberach und mir wird klar: Ich fahre ja genau auf der Strecke, die in dem Volkslied von der „Schwäb'sche Eisenbahn“ besungen wird. Und tatsächlich, die nächste Station heißt Meckenbeuren.
Von da an habe ich das Lied im Ohr, und es wird zum Wurm und verfolgt mich dann noch den ganzen restlichen Tag. Sie wissen schon: „Trulla, trulla, trulla-la ...“:

„Ach, dieser See! Fast wie geschmolzenes Blei durch einen Goldschleier betrachtet ...“ (Horst W. Geissler)

Auf de schwäb'sche Eisebahna
Gibt's gar viele Haltstationa
Stuegert, Ulm und Biberach,
Meckabeura, Durlesbach.

Draußen ziehen üppig grüne Wiesen und Wälder vorbei, während ich die Melodie vor mich hin summe. Manchmal gibt es Apfelbäume, so weit das Auge reicht, und dazwischen schmale, asphaltierte Wege, die offenbar gut geeignet sind zum Befahren mit Rennrädern und Rollerskates. Dann kommt Durlesbach, und kurz vor Friedrichshafen traue ich meinen Augen nicht: Da hängt tatsächlich ein Zeppelin am Himmel!

Als ich aus dem Bahnhof trete, will ich erst einmal den See persönlich begrüßen und schlendere zum Ufer hinunter. Hinter mir bleibt der Verkehrslärm zurück. Unter blühenden Kastanien stehen Tische und Stühle, ein Biergarten, in dem schon am frühen Nachmittag reger Betrieb herrscht. Dahinter zieht sich eine asphaltierte Uferpromenade den See entlang, gesperrt für Autos, aber offen für Spaziergänger, Kinderwagen und junge Männer und Frauen auf Rollerskates. Es stimmt wohl doch nicht, dass alle hübschen Mädchen aus der Provinz mit 18 in die Großstadt ziehen.

Bootsmasten ragen neben dem Anlegesteg in den Himmel und „der See liegt weit hinaus spiegelglatt und flimmert grün und silbern", wie einst bei Hermann Hesses Ruderausflug vor rund hundert Jahren. Zahlreiche weiße Tupfer draußen auf der glitzernden Wasserfläche zeigen an, dass hier auch an sonnigen Werktagen die Windfänger unterwegs sind.

Dann stehe ich am Wasser, ziehe den frisch-würzigen Seegeruch in die Nase und schaue nach Südosten hinüber. Und da sind sie immer noch – groß, alt, unbewegt, mit weiß strahlenden Häuptern: die ersten Einwanderer, die Alpen.

Frühlingsblüte bei Unter-
reitnau im Kreis Lindau.
Im Hintergrund die Pfarr-
kirche und das Pfarrhaus.
„Immer aber umgibt uns
ein Überfluss des Schönen.
Manchmal.“
(Hermann Hesse)

Weit reicht der Blick über Kressbronn und den Obersee auf das Schweizer Ufer, das Appenzeller Land und den Säntis. „Und da sind sie immer noch – groß, alt, unbewegt, mit weiß strahlenden Häuptern: die ersten Einwanderer, die Alpen.“ (Hans Pfitzinger)

Glossar

Allensbach Am Ufer des Gnadensees, gegenüber der Insel Reichenau gelegen, ist Allensbach, das überregional als Sitz des „Instituts für Demoskopie“ bekannt ist, idealer Ausgangspunkt für Wanderungen auf der Bodanrück-Halbinsel, rund um den Mindelsee, zur Marienschlucht bei Langenrain sowie für Ausflüge zum Wild- und Freizeitpark Allensbach. Das Wahrzeichen der Stadt ist die barocke Kirche St. Nikolaus. 724 wurde Allensbach erstmals in der Gründungsurkunde des Klosters Reichenau erwähnt, zu dem es Jahrhunderte gehörte.

Arbon Nicht nur die Altstadt mit ihren vielen historischen Bauten, die sich um das im frühen 16. Jahrhundert erbaute Schloss der Konstanzer Fürstbischöfe rankt, sondern vor allem die drei Kilometer lange Seepromenade machen einen Besuch lohnenswert. Auf einer kleinen Halbinsel am Schweizer Oberseeufer gelegen, können von hier Ausblicke auf die Rorschacher Bucht und die östlichen Berggipfel des Bodensees genossen werden. Im 19. Jahrhundert wurde Arbon zum Fabrikort und ist heute wichtigstes Industriezentrum des Oberthurgaus.

Birnau Die barocke Marienwallfahrtskirche Birnau in einzigartiger Lage auf einer Uferhöhe in der Nähe von Uhldingen-Mühlhofen wird gern als „Wahrzeichen des Bodensees“ bezeichnet. 1746–1750 von Peter Thumb erbaut, erhielt sie Fresken von Gottfried Bernhard Götz und wurde von Joseph Anton Feuchtmayer mit reichen Stuckaturen und Altären versehen, die noch nahezu vollständig erhalten sind.

Bodanrück-Halbinsel Diese lang gestreckte, malerische Halbinsel teilt den Bodensee in den Überlinger See und den Gnadensee. Der Besucher kann aus einem großen Angebot an Führungen und Beobachtungstreffs in den Naturschutzgebieten Wollmatinger Ried, Mettnau und Mindelsee wählen.

Bodensee Nimmt man es genau, so ist der Name Bodensee nur ein Sammelbegriff. Je nach Grad der Aufmerksamkeit lässt sich der See in drei bis fünf Abschnitte unterteilen. Der längste davon reicht 46 Kilometer weit von Bregenz bis Konstanz und heißt Obersee. Der nördliche Ausläufer wird nach dem Städtchen an seinem Ufer Überlinger See genannt und fügt dem Obersee 17 Kilometer hinzu. Der kleinste, aber älteste Teil im Südwesten heißt sinnigerweise Untersee, was wiederum ein Sammelbegriff ist. Der Name Untersee gilt eigentlich nur für den südlichen Teil, den Mittelteil nennen die Anwohner Zeller See, den Nordteil Gnadensee.

Bodman-Ludwigshafen Die Doppelgemeinde am Abschluss des Überlinger Sees ist aus den ehemals unabhängigen Gemeinden Bodman, übrigens Namen gebend für den Bodensee, und Ludwigshafen (ehemals Sernatingen) hervorgegangen. Reste von Pfahlbauten, die in Bodman gefunden wurden, weisen die Stadt als prähistorischen Siedlungsplatz aus. Im 9. Jahrhundert stand hier eine Pfalz der Karolinger. Einen herrlichen Blick auf den Überlinger See hat man von der im Dreißigjährigen Krieg zerstörten Ruine der Burg Altbodman aus, die auf einem Berg oberhalb der Stadt liegt.

Bregenz Die Hauptstadt des österreichischen Bundeslandes Vorarlberg hat nicht nur den bedeutendsten Bodenseehafen zu bieten, sondern ist zugleich auch Eisenbahnknotenpunkt, Sport- und Kulturzentrum. Letzteres belegen u. a. die Bregenzer Festspiele, die jährlich im Sommer auf der weltweit größten Seebühne stattfinden (www.bregenzer-festspiele.com). Vom Pfänder (1064 Meter), dem Hausberg, auf den seit 1929 eine Seilbahn führt, können bei gutem Wetter mehr als 240 Berggipfel bestaunt werden. Von 1160 an war das römische Brigantium im Besitz der Grafen Montfort, die diesen 1451 und 1523 an die Habsburger verkauften. Wichtige Bauten sind das Alte und das Neue Rathaus, die Pfarrkirche St. Gallus, der Martinsturm mit der größten Turmzwiebel Europas sowie die Nepomukkapelle.

Annette von Droste-Hülshoff (1797–1848), zu ihren Lebzeiten oft verkannt, zählt heute zu den bedeutendsten deutschen Dichterinnen. Sie stammte aus altwestfälischem katholischem Adel und führte ein zurückgezogenes, sogar eingeengtes Leben. Ihr einziger Ausbruch aus dem Käfig von Anstand und Sitte waren ihre Reisen an den Bodensee, wo sie Verwandte besuchte. Ab 1841 wohnte sie in einem Turmzimmer bei ihrem Schwager, dem Freiherrn Joseph von Laßberg, im Alten Schloss in Meersburg. 1843 erwarb sie ein Haus, das Fürstenhäusle (siehe Museen, Droste-Museum Fürstenhäusle) am Stadtrand inmitten der Weinberge in Meersburg. Insbesondere unter der Inspiration ihres Dichterfreundes Levin Schücking entstand dort ein Großteil ihrer „weltlichen“ Gedichte. Am 24. Mai 1848 verstarb Annette von Droste-Hülshoff in Meersburg, vermutlich an einer schweren Lungenentzündung.

Ermatingen Gegenüber der Insel Reichenau am Südufer des Untersees liegt das Fischerdorf, das, wie noch einige Schweizer Orte am See, einen historischen Dorfkern mit charakteristischen Fachwerk- und Riegelbauten aufzuweisen hat. Berühmt ist Ermatingen für seine „Groppenfasnacht“, die alljährlich drei Wochen vor Ostern stattfindet. Ihren Höhepunkt erlebt sie mit dem großen Groppenumzug, dem rund 20.000 Besucher beiwohnen (www.groppenfasnacht.ch).

Friedrichshafen Die nach Konstanz zweitgrößte Stadt am Bodensee liegt am nördlichen Ufer des Sees. Nicht nur als Sitz bedeutender Industrieunternehmen, als internationale Messestadt, als wichtiger Fährhafen sowie als Fremdenverkehrs- und Einkaufszentrum hat die Stadt Bedeutung erlangt. Durch den Grafen Zeppelin und seine Werft wurde sie weltberühmt (siehe Museen, Zeppelin-Museum). Im Zweiten Weltkrieg fast vollständig zerstört, ist das Stadtbild vom raschen Wiederaufbau der 50er und 60er Jahre geprägt. Nur zwei Bauten der älteren Zeit sind erhalten geblieben: das Wahrzeichen der Stadt, das Schloss mit seiner Schlosskirche.

Gnadensee siehe Bodensee

Heiligenberg Etwa 800 Meter oberhalb des Bodensees und etwa vier Kilometer nördlich von Salem liegt der staatlich anerkannte Luftkurort Heiligenberg. Nicht nur ein ausgezeichnetes Netz an Wander- und Radwegen ist hier zu finden, sondern auch wunderbare Ausblicke auf den Linzgau, den See und die Alpen können von hier aus genossen werden. Auch ein prachtvolles Schloss mit einem einzigartigen Renaissancesaal, das seit 1516 der Adelsfamilie Fürstenberg gehört, lohnt einen Besuch.

Hermann Hesse (1877–1962) Er war einer der meistgelesenen deutschsprachigen Autoren des letzten Jahrhunderts. Auch als Lyriker und Aquarellmaler trat er hervor. 1946 erhielt er den Nobelpreis für Literatur. Von 1904 bis 1912 lebte er mit seiner ersten Ehefrau in Gaienhofen auf der Halbinsel Höri. „Es war die glücklichste Zeit seiner jungen Ehe“, heißt es in einer Biographie. In dieser Zeit entstand u. a. sein zweiter, autobiographisch gefärbter Roman „Unterm Rad“ (1906).
(siehe Museen, Hermann-Hesse-Höri-Museum)

Höri Die Halbinsel, die zwischen dem Zellersee und dem Untersee, zwischen den Ortschaften Radolfzell und Stein am Rhein liegt, ist auch heute noch relativ unberührt. Um 1900 wurde sie gern von Dichtern (Hermann Hesse, Ludwig Finckh u. a.) besucht. Später zogen sich hierher auch vom Nationalsozialismus verfemte Maler wie Max Ackermann, Curth Georg Becker und Otto Dix (siehe Museen, Otto-Dix-Museum) zurück.

Immenstaad Der ruhige Erholungsort zwischen Meersburg und Friedrichshafen ist von üppigen Obstplantagen und Weinbergen umgeben. Sehenswert sind die spätgotische Pfarrkirche und das Schwörerhaus von 1578.

Konstanz Die kulturelle und wirtschaftliche Metropole am Bodensee liegt zwischen Obersee und Untersee direkt an der Grenze zur Schweiz. Diese günstige Lage bemerkten schon die Römer, die zu Beginn des 1. Jahrhunderts n. Chr. auf dem heutigen Münsterhügel ein Castrum errichteten und der einst wohl keltischen Stadt ihren Namen gaben: Constantia. Vom 6. Jahrhundert bis zum Jahre 1827 war Konstanz Bischofssitz des größten deutschen Bistums. 1417 wurde Konstanz zum Schauplatz der einzigen Papstwahl auf deutschem Boden. Nach wie vor zieht die junge Universitätsstadt, in der sich zahlreiche Unternehmen niedergelassen haben, viele Menschen an.

Kressbronn Der von Obstbaumkulturen umgebene Erholungsort liegt am Nordufer des Bodensees zwischen Lindau und Friedrichshafen. Die älteste Kabelhängebrücke Deutschlands (von 1898) über die Argen befindet sich in Richtung Langenargen.

Kreuzlingen (bis 1874 offiziell Egelshofen) ist die größte Schweizer Stadt am Bodensee und entwickelte sich nach der Wende zum 19. Jahrhundert zu einem wichtigen Industriezentrum. Bemerkenswerte Bauten aus seiner frühen Geschichte sind das ehemalige Augustinerstift und die barocke Basilika St. Ulrich und Afra. Ein Spaziergang im Park und an den Uferanlagen rund um die Seeburg lohnt sich.

Langenargen Der Südlage am württembergischen Bodenseeufer mit weiter Aussicht auf See, Schweizer Ufer und Alpen verdankt Langenargen seinen Slogan: Sonnenstube am Bodensee. Langenargen war einst Sommerresidenz der Grafen von Montfort, die 1863 bis 1866 das heutige Schloss Montfort bauten. Das Museum Langenargen im ehemaligen Pfarrhaus zeigt Kunst aus der Grafschaft Montfort und dem 1200-jährigen Langenargen (Tel. 0 75 43/34 10).

Lindau Die größte bayerische Gemeinde am östlichen Ufer des Bodensees war ursprünglich eine Fischersiedlung. Seit dem Mittelalter ist die auf einer Insel gelegene und seit 1976 unter Denkmalschutz stehende Altstadt durch eine Brücke und seit 1853 durch einen Bahndamm mit der auf dem Festland gelegenen Gartenstadt verbunden. Wohlstand brachte der um ein Damenstift (um 800) gegründeten Stadt, die 1274/75 zur Freien Reichsstadt erhoben wurde, der Handel mit Italien. Viele Bürgerhäuser aus unterschiedlichen Epochen zeugen davon. Sehenswert sind auch die Hafenanlage mit dem Alten und Neuen Leuchtturm, dem Wahrzeichen der Stadt, das Münster „Unserer Lieben Frau“, die ehemalige Peterskirche mit den einzig erhaltenen Fresken von Hans Holbein d. Ä. sowie der Lindaviabrunnen. Angeregt durch Graf Lennart Bernadotte finden in Lindau seit 1951 jährlich Nobelpreisträger-Tagungen statt.

Mainau Die Blumeninsel liegt im nordwestlichen Teil des Sees, im Überlinger See. Bevor sie von 1271 bis 1805 dem Deutschritterorden gehörte, war sie seit dem 8. Jahrhundert im Besitz der Abtei Reichenau. Großherzog Friedrich I., der die Insel nach wiederholtem Besitzerwechsel 1853 erwarb und als Sommerresidenz ausbaute, gestaltete bereits Teile des Geländes als prächtigen Park. 1932 erbte sie der schwedische Graf Lennart Bernadotte, der nach dem Zweiten Weltkrieg ein Blumenparadies darauf entstehen ließ und die Insel für internationale Begegnungen nutzte.

Meersburg Die jahrhundertelange Residenz der Konstanzer Bischöfe liegt außerordentlich reizvoll an einem Steilhang am Übergang vom Obersee zum Überlinger See. Diesem Umstand ist es zu verdanken, dass die Stadt von Industrie verschont blieb und ihr historisches Stadtbild erhalten konnte. Oben am Hang stehen das Neue Schloss, das ein Treppenhaus nach Plänen von Balthasar Neumann aufzuweisen hat, die Meersburg mit Dagobertsturm, wo die Dichterin Annette von Droste-Hülshoff einige Zeit lebte, sowie Repräsentationsbauten der Konstanzer Fürstbischöfe. Seit 2004 ist Meersburg Mitglied der Deutschen Fachwerkstraße.

Museen
Droste-Museum Fürstenhäusle Das Fürstenhäusle, wo Annette von Droste-Hülshoff ihre bedeutendsten Dichtungen schrieb, ist nahezu unverändert erhalten geblieben und beherbergt eine Droste-Gedenkstätte. Originalmöbel und kostbare persönliche Dinge wie Schmuck, Porzellan, Graphiken und Gemälde sind dort zu besichtigen.
Stettenerstraße 15
88709 Meersburg
Tel. 0 75 32/60 88

Hermann-Hesse-Höri-Museum Seit 1993 ist das ehemalige Wohnhaus Hesses für die Öffentlichkeit zugänglich. Heute werden hier Sonderausstellungen gezeigt. Eine Besonderheit des Museums ist der Schreibtisch des Dichters, der Hermann Hesse fast sechzig Jahre lang begleitete.
78343 Gaienhofen
Tel. 0 77 35/8 18 37 und 8 18 32

Otto-Dix-Museum Das Museum im ehemaligen Wohn- und Atelierhaus von Otto Dix (1891–1969) zeigt Leben und Werk des Künstlers im Kontext der Zeit. Beeinflusst von Expressionismus und Dadaismus widmete er seine Malerei der Neuen Sachlichkeit, die sich im Alter zur Neuromantik wandelte.
Otto-Dix-Weg 6
78343 Gaienhofen-Hemmenhofen
Tel. 0 75 35/31 51

Pfahlbaumuseum siehe Uhldingen-Mühlhofen

Schlossmuseum Das prächtige Neue Schloss von Tettnang zeugt vom Repräsentationsanspruch der Grafenfamilie Montfort und von ihrem luxuriösen Lebensstil. Die bedeutendsten Künstler des Bodenseeraums schufen die prunkvolle Ausstattung der Innenräume. Die Besichtigung der gräflichen Appartements, des Bacchussaals und der Schlosskapelle ermöglicht eine Zeitreise in die fürstliche Lebenswelt des 18. Jahrhunderts.
Information über Tourist-Info-Büro:
Montfortplatz 1
88069 Tettnang
Tel. 07542/95 25 55

Zeppelin-Museum Nicht nur die weltgrößte Sammlung zur Geschichte und Technik der Luftschifffahrt wartet hier auf circa 4000 m² Ausstellungsfläche auf den Besucher, sondern auch eine umfangreiche Ausstellung zur Kunst des Bodenseeraums vom Mittelalter bis zur Gegenwart.
Seestraße 22
88045 Friedrichshafen
Tel. 0 75 41/3 80 10
www.zeppelin-museum.de

Obersee siehe Bodensee

Radolfzell Die Stadt am nordwestlichen Ende des Untersees geht auf eine Gründung des Bischofs Radolf aus dem Jahr 826 zurück, der ihr den Namen „Cella Ratoldi" gab. Heute ist Radolfzell ein beliebter Kur- und Badeort. Auf der nahen Halbinsel Mettnau ist ein Kurzentrum entstanden.

Ravensburg Die Stadt liegt 20 Autominuten vom See entfernt und konnte prägende Teile ihres mittelalterlichen Stadtbilds bis heute bewahren. Bevor Ravensburg 1810 an das Königreich Württemberg fiel, stand es unter der Herrschaft von Welfen, Staufern und Habsburgern. Ihrer Lage an der Kreuzung zweier Fernhandelswege hat die Stadt ihre wirtschaftliche Blüte zwischen dem 14. und 16. Jahrhundert zu verdanken, die sich in einer regen Bautätigkeit niederschlug. Auch viele Türme und Tore zeugen davon, deshalb wird Ravensburg auch als die Stadt der Türme bezeichnet. Die größte Barockkirche nördlich der Alpen im Nachbarort Weingarten, die Pfarrkirche St. Martin und Oswald, sollte unbedingt besichtigt werden.

Reichenau Im Jahr 2000 wurde die frühere Klosterinsel, die von Äbten und Mönchen zu einem der wichtigsten Zentren des frühen Mittelalters entwickelt worden ist, von der UNESCO zum Weltkulturerbe erklärt. Sicherlich hat das erhaltene Ensemble der drei mittelalterlichen Kirchen, des Münsters St. Maria und St. Markus in Mittelzell, der Stiftskirche St. Georg in Oberzell und der Stiftskirche St. Peter und Paul in Niederzell dazu beigetragen, die strengen Kriterien für die Aufnahme zu erfüllen. Die traditionellen Feiertage auf der Insel, das Markusfest (25. April), Heilig-Blut-Fest (Montag nach dem Dreifaltigkeitssonntag) und Mariä Himmelfahrt (15. August) sind die Höhepunkte des Jahres. Dank des milden Klimas ist die Reichenau heute ein bedeutendes Obst- und Gemüseanbaugebiet.

Rorschach liegt in der Schweiz im Kanton St. Gallen am südöstlichen Ufer des Sees. König Otto I. verlieh der ursprünglich von alemannischen Jägern und Fischern gegründeten Siedlung 947 das Marktrecht mit Münze und Zoll. Sehenswert sind das Kornhaus mit Stadtmuseum, das den Ausbau zum Hafen und Kornspeicher des Klosters St. Gallen darstellt, die Pfarrkirche St. Kolumban und das ehemalige Benediktinerkloster Mariaberg.

Salem Inmitten der Linzgauer Hügellandschaft liegt die ehemalige Reichsabtei Salem, die ein Kloster des Zisterzienserordens war. Sie stellte eine der wohlhabendsten und bedeutendsten reichsunmittelbaren Abteien des Bodenseeraums dar. 1803 ging durch Säkularisierung die weitläufige barocke Anlage, 1697–1706 nach einem Brand von Franz Beer erbaut, in den Besitz der Markgrafen von Baden über. Die seit 1920 im Schloss untergebrachte Internatsschule, vom Pädagogen Kurt Hahn entworfen, hat Weltruf erlangt.

Schaffhausen ist die nördlichste Stadt der Schweiz und liegt an der westlichen Peripherie des Bodensees. Dem mächtigsten Wasserfall Mitteleuropas hat sie ihren Aufstieg zu verdanken, denn dieses Hindernis musste von jeher auf dem Landweg umgangen werden. Die Kantonshauptstadt hat ein gut erhaltenes mittelalterliches Stadtbild sowie eine bemerkenswerte Festungsanlage, den Munot, der angeblich nach Plänen von Albrecht Dürer erbaut wurde. Aufgrund ihrer vielen Erker (etwa 300) hat die Stadt auch den Beinamen Erkerstadt erhalten.

Singen Die Kreisstadt Singen liegt inmitten der weithin unberührten Hegaulandschaft mit ihren von Burgen gekrönten Vulkanbergen. Noch bis kurz vor der Wende zum 20. Jahrhundert war die Stadt eher unbedeutend, erst Ende des 19. Jahrhunderts entwickelte sie sich innerhalb weniger Jahrzehnte zum Industriestandort – dies lag vor allem an der Fabrikgründung von Maggi. Auf dem nahe gelegenen Hausberg Hohentwiel erhebt sich die mächtigste Festungsruine Deutschlands.

Sipplingen liegt am nördlichen Steilufer des Überlinger Sees und ist schon sehr lange besiedelt. Archäologische Funde lassen auf steinzeitliche Pfahlbausiedlungen schließen. Das später von den Alemannen gegründete Dorf hat sein charakteristisches Ortsbild bis heute bewahrt. Die außerhalb des Ortes gelegene Bodensee-Wasserversorgung beliefert etwa vier Millionen Bürger in Baden-Württemberg mit Trinkwasser.

St. Gallen Zwischen zwei parallel verlaufenden Hügeln, dem Rosenberg im Norden und dem Freudenberg im Süden, unweit vom See auf 670 Metern Höhe liegt im voralpinen Hügelland die Schweizer Stadt St. Gallen. Da viele Treppen sowohl den Rosen- als auch den Freudenberg hinaufführen, wird sie auch Stadt der Tausend Treppen genannt. Die barocke Klosteranlage aus dem 18. Jahrhundert beherbergt eine der größten und ältesten Klosterbibliotheken der Welt mit einem Bestand von mehr als 150.000 Bänden. Stiftsbibliothek und Klosterviertel gehören zum Weltkulturerbe der UNESCO. In der schmuckvollen Altstadt haben die reichen Kaufleute St. Gallens ihre Spuren hinterlassen.

Stein am Rhein liegt am Ausfluss des Hochrheins aus dem Untersee und ist vor allem wegen seines spätmittelalterlichen Altstadtkerns bekannt. Neben auffallend vielen bemalten Häuserfassaden, Fachwerkhäusern, Erkern und kleinen Gassen ist das ehemalige Kloster St. Georgen sehenswert, ist es doch eines der wenigen noch erhaltenen benediktinischen Klosteranlagen im deutschen Sprachraum. Überragt wird der Ort von der Burg Hohenklingen.

Tettnang Der Ort liegt im Bodenseehinterland, etwa 70 Meter oberhalb des Sees. Von hier aus lassen sich weite Blicke über das „Schwäbische Meer" genießen. Vom 13. bis zum 18. Jahrhundert bestimmten die Grafen von Montfort die Geschichte Tettnangs, die hier ein städtisches Zentrum entstehen ließen und es zu ihrer Residenz ausbauten. Das Neue Schloss, das sie sich 1712 bis 1720 als Herrschaftssitz in barockem Stil erbauen ließen, ist dafür ein Beispiel. 1780 mussten die verschuldeten Grafen ihren Besitz an Österreich abtreten. Heute ist die Gegend um Tettnang eines der wichtigsten Hopfenanbaugebiete Deutschlands.
(siehe Museen, Schlossmuseum)

Überlingen Bereits um 1180 wurde Überlingen von Kaiser Friedrich Barbarossa das Marktrecht verliehen. 1268 wurde es Freie Reichsstadt. Heute ist die Stadt Kneipp-Heilbad und Standort vieler Sanatorien. Der historische Stadtkern Überlingens ist von seltener Geschlossenheit. Auch der 1875 terrassenförmig angelegte Stadtgarten hat Seltenheitswert: Er beherbergt die größte Kakteen-Freianlage Deutschlands. Nicht weit entfernt liegt die von Häftlingen des Konzentrationslagers Aufkirch gegrabene Stollenanlage zur Unterbringung der V2-Raketenproduktion. Ein KZ-Friedhof in der Nähe der Wallfahrtskirche Birnau erinnert an die Opfer.

Überlinger See siehe Bodensee

Uhldingen-Mühlhofen Die Gemeinde am Nordufer des Bodensees zwischen Überlingen und Meersburg ist ein beliebter Ferienort, der viele Ausflugsmöglichkeiten bietet. Bereits 2000 v. Chr. lebten hier Bauern und Fischer in Pfahlbausiedlungen. Einblicke in diese Zeit vermittelt das Pfahlbaumuseum, das größte in Europa. In diesem Freilichtmuseum können originalgetreu errichtete Rekonstruktionen von Pfahlbauhäusern der Stein- und Bronzezeit besichtigt werden.
Pfahlbaumuseum Unteruhldingen
Strandpromenade 6
88690 Uhldingen-Mühlhofen
Tel. 0 75 56/85 43
www.pfahlbauten.de

Untersee siehe Bodensee

Martin Walser Der bekannte deutsche Literat wurde 1927 in Wasserburg geboren und ist bis zum heutigen Tag dem Bodensee treu geblieben. Er lebt in Überlingen. Seit mehr als 45 Jahren veröffentlicht er Romane, Essays, Hörspiele und auch Theaterstücke. Als zeitkritisch eingestellter und auch politisch engagierter Schriftsteller spiegeln sich in seinem Werk die Probleme der Epoche wider.

Wasserburg Der Geburtsort des Schriftstellers Martin Walser ist für seine malerische Halbinsel, auf der die Kirche St. Georg, das Schloss Wasserburg und das Malhaus liegen, bekannt. Die einstige Insel ist 784 erstmals urkundlich erwähnt. 1592 wurde die Burg von den Grafen von Montfort an die Fugger verkauft. 1720 verbanden diese die Insel durch eine Aufschüttung mit dem Festland, auf diese Weise entstand die heutige Halbinsel.

Zeller See siehe Bodensee

Ferdinand Adolf August Heinrich Graf von Zeppelin
Der Erbauer des Zeppelins wurde am 8. Juli 1838 in Konstanz geboren. Der Familientradition folgend, schlug er die Offizierslaufbahn ein und war mit 20 Jahren Leutnant des 8. Infanterie-Regiments in Stuttgart. Seine militärische Karriere weist allerdings viele Brüche auf. Doch erst 1891 nahm er als Generalleutnant seinen Abschied. Seit 1874 beschäftigte sich Zeppelin mit dem Problem des lenkbaren Ballons. 1899 begann er mit dem Bau des ersten Starrluftschiffs, das er 1900 zu drei Aufstiegen über dem Bodensee nutzte. Auch dank der Begeisterung der Bevölkerung, die sich in großzügigen Spenden niederschlug, konnte der Graf die Technik der Luftschiffe und ihres Betriebes weiterentwickeln. 1908 kaufte die Militärverwaltung das voll funktionsfähige Luftschiff LZ 3 und stellte es als Z 1 in Dienst. Seit 1909 wurden Zeppeline auch in der zivilen Luftfahrt eingesetzt: Bis 1914 wurden auf mehr als 1500 Fahrten insgesamt fast 35.000 Personen unfallfrei befördert. Graf von Zeppelin starb 1917, sein Grab befindet sich in Stuttgart auf dem Pragfriedhof.
(siehe Museen, Zeppelin-Museum)

Hans Pfitzinger
wurde 1945 im Fränkischen geboren. Korrespondent für verschiedene Musikzeitschriften, seit Anfang der 1980er Jahre in München als Redakteur, freiberuflicher Autor, literarischer Übersetzer und Fotograf tätig.

Toni Schneiders
geb. 1920, zählt zu den wichtigsten zeitgenössischen deutschen Fotografen. 1949 Mitbegründer der Gruppe „fotoform". Seit den späten 1950er Jahren ist er auch als Reisefotograf unterwegs.

Titelfoto
Am Bodensee – wie hier bei Kressbronn – blühen bereits die Obstbäume, während die Gipfel des Säntis noch schneebedeckt sind.

Bibliographische Information der Deutschen Bibliothek
Die Deutsche Bibliothek verzeichnet diese Publikation in der Deutschen Nationalbibliographie; detaillierte bibliographische Daten sind im Internet über <http://dnb.ddb.de> abrufbar.

ISBN 3-8319-0249-6

Text: Hans Pfitzinger, München
Fotos: Toni Schneiders, Lindau
Redaktion: Inga Klingner und Kirsten Petri, Hamburg
Gestaltung: Büro Brückner + Partner, Bremen
Lithographie: ORC Offset Repro im Centrum, Hamburg
Druck: Girzig + Gottschalk, Bremen
Bindung: S. R. Büge GmbH, Celle